LA RELÉGATION

ET

L'INTERDICTION DE SÉJOUR

EXPLICATION DE LA LOI DU 27 MAI 1885

PAR

R. GARRAUD

AVOCAT

PROFESSEUR A LA FACULTÉ DE DROIT DE LYON

PARIS

L. LAROSE ET FORCEL

Libraires-Editeurs

22, RUE SOUFFLOT, 22

1886

LA RELÉGATION

ET

L'INTERDICTION DE SÉJOUR

EXPLICATION DE LA LOI DU 27 MAI 1885

IMPRIMERIE
CONTANT-LAGUERRE

BAR-LE-DUC

LA RELÉGATION

ET

L'INTERDICTION DE SÉJOUR

EXPLICATION DE LA LOI DU 27 MAI 1885

PAR

R. GARRAUD

AVOCAT
PROFESSEUR A LA FACULTÉ DE DROIT DE LYON

PARIS

L. LAROSE ET FORCEL

Libraires-Editeurs

22, RUE SOUFFLOT, 22

1886

LA RELÉGATION

ET

L'INTERDICTION DE SÉJOUR

EXPLICATION DE LA LOI DU 27 MAI 1885 [1].

I.

1. Objet de la loi de 1885. — 2. Caractères de la relégation
et de l'interdiction de séjour.

1. La loi du 27 mai 1885 [2], applicable à l'Algérie et aux colonies,
contient deux ordres de dispositions qui ont un objet commun : l'exclusion du territoire de la France continentale ou seulement de certaines parties de ce territoire des condamnés libérés, particulièrement
dangereux.

1° Cette loi crée, pour certains récidivistes, une peine nouvelle,
qui ne doit prendre cours qu'à l'expiration de la peine principale,
c'est la *relégation* ou l'internement perpétuel hors du territoire continental de la France;

2° Elle abolit la surveillance de la haute police et les interdictions
de séjour prononcées par la loi du 9 juillet 1852, et les remplace par
l'*interdiction de séjour* dans certains lieux déterminés par le gouvernement.

---

[1] On trouvera le texte de la loi et l'analyse des travaux parlementaires dans le
recueil périodique de Dalloz, 1885, 4, 45 et suiv.; et dans celui de Sirey, 1885,
Lois annotées, p. 819 à 839. Cf. *Code pénal annoté* de Dalloz, *Appendice*, p. 317 et
suiv.

[2] Bibliographie : Tournade, *Lois nouvelles*, 1885, nos 4 et 5, p. 1 à 88; Garçon,
Dans quels cas la relégation doit être prononcée (Paris, Larose et Forcel, 1885, 60 p.);
Jambois, *Code pratique de la relégation* (Paris, Pichon, 1886); J. Depeiges, *Commentaire
de la loi sur les récidivistes*, Paris, 1886. Divers articles à consulter, dans les jour-
naux judiciaires, par exemple : Albert Desjardins (*Le Droit*, 26 et 27 janv. 1886);
A. Sauvajol (*Gazette des tribunaux*, 19 déc. 1885); A. Laborde (*La Loi*, 22 mai 1886).

2. Ces deux institutions ont donc le caractère de mesures sociales de préservation et de répression contre la récidive [1].

II.

3. Appréciation générale de la mesure prise contre les récidivistes. — 4. Régime pénal de la relégation. — 5. Peines que la relégation exclut ou qui excluent la relégation. — 6. La récidive et la relégation. — 7. Organisation pénitentiaire de la relégation. — 8. Le relégué est astreint au travail. — 9. Règlement du 26 novembre 1885. — 10. Relégation individuelle; relégation collective. — 11. Mesures d'exécution en France. — 12. Mesures d'exécution aux colonies. — 13. Autorisations de sortie. — 14. Évasions. — 15. Des conditions de la relégation. — 16. Personnes qui peuvent y être soumises. — 17. Des étrangers. — 18. Des femmes. — 19. De l'âge au point de vue de la relégation. — 20. Des faits auxquels s'applique la relégation. — 21. Délai dans lequel doivent intervenir les diverses condamnations exigées par la loi. — 22. Des quatre cas de relégation. — 23. La dernière condamnation compte. — 24. Les quatre cas de condamnation correspondent à trois catégories de délinquants. — 25. Premier cas de relégation. — 26. Second cas. — 27. Troisième cas. — 28. Difficultés. — 29. Condamnations à l'emprisonnement pour faits qualifiés crimes. — 30. Délits spécifiés. — 31. Quatrième cas de relégation. — 32. Les condamnations aux travaux forcés et à la réclusion doivent compter. — 33. Dans quelle mesure les condamnations pour vagabondage peuvent-elles être remplacées. — 34. Tableau résumé des quatre cas de relégation. — 35. Peine unique prononcée pour plusieurs délits. — 36. Effets de la grâce, de la réhabilitation, de l'amnistie, de la prescription. — 37. Rétroactivité de la loi de 1885.

3. Depuis bien des années, le nombre des actes délictueux augmente et celui des délinquants diminue : la criminalité se concentre donc sur un certain nombre d'individus que nulle répression n'intimide et qui vivent en état de guerre permanent avec la société régulière. Pour ces « *irréductibles* », la loi crée une peine dont l'objet principal est d'éliminer de la France continentale les individus qui se

---

[1] L'art. 4, dernier alinéa, donne incidemment à l'art. 270 du Code pénal une interprétation ou une extension rendue nécessaire par le développement des faits dont il est question : « *Sont considérés comme gens sans aveu et seront punis des peines édictées contre le vagabondage tous individus qui, soit qu'ils aient ou non un domicile certain, ne tirent habituellement leur subsistance que du fait de pratiquer ou faciliter sur la voie publique l'exercice de jeux illicites, ou la prostitution d'autrui sur la voie publique.* » C'est là une disposition accessoire que je n'examine pas dans ce travail.

font du crime une profession, et dont l'objet secondaire est d'utiliser ces individus pour le plus grand profit de l'expansion coloniale de notre pays.

La société n'excède certainement pas son droit de défense en mettant les incorrigibles dans l'impossibilité de nuire, mais à la double condition de prendre toutes les mesures nécessaires pour *prévenir* la rechute du délinquant après sa première condamnation [1] et de n'appliquer cette répression extrème qu'après avoir constaté l'incorrigibilité absolue du condamné [2].

Les mesures adoptées en 1885 pour débarrasser la France continentale d'une partie de sa population criminelle étaient-elles nécessaires? seront-elles efficaces? Ce sont là deux questions que l'avenir seul pourra résoudre. Mais en approuvant même le principe de la loi, il faut bien dire que son exécution ne répond pas à sa conception. Je ne connais pas de loi plus mal faite que la loi sur les récidivistes ; je n'en connais pas qui tienne aussi peu compte des principes généraux, qui président, dans tout pays civilisé, à l'exercice de la justice pénale [3].

4. Régimes pénal et pénitentiaire de la relégation. — La relégation consiste dans l'internement perpétuel sur le territoire des colonies ou des possessions françaises des condamnés qui sont l'objet de cette mesure (art. 1er).

La relégation s'exécute donc, comme les travaux forcés, par une *transportation*, puisqu'elle doit être subie hors du territoire continental. Mais la loi de 1885 n'exclut pas l'Algérie, comme le fait la loi du 30 mai 1854, des lieux où elle peut s'exécuter.

Deux questions préliminaires se posent : la première concerne le *régime pénal;* la seconde, le *régime pénitentiaire* de la relégation.

5. Quel est le caractère légal de la relégation?

a) La relégation est une *peine,* bien qu'elle ne soit prononcée que

---

[1] Une loi du 14 août 1885, due à l'initiative de M. Bérenger, s'est placée à ce point de vue, qui est celui de l'école pénitentiaire. Elle a trois objets, et consacre à chacun de ces objets un titre spécial : la libération conditionnelle, le patronage, la réhabilitation. V. le texte et l'analyse des travaux préparatoires dans Sirey, *Lois annotées,* 1885, p. 841 et s.

[2] La distinction entre le criminel d'occasion et le criminel d'habitude doit être désormais la base de la science pénale. Cf. mon article : *Rapports du droit pénal et de la sociologie criminelle (Archives de l'anthropologie criminelle,* 1886, n° 1); PRINS, *Criminalité et répression* (Bruxelles, 1886), p. 43 à 74.

[3] Cfr. pour les critiques : GARÇON, *op. cit.,* n° 71; VILLEY (S. 86, |2,'75); de LANESSAN, dans *La Loi* du 2 juillet 1886.

pour l'époque où le condamné sera libre. Elle ne peut donc être appliquée qu'en vertu d'un *jugement* passé en force de chose jugée. Pas de relégation par simple mesure administrative.

b) C'est une peine *commune aux matières criminelles et correctionnelles*, en ce double sens qu'elle peut être la conséquence de condamnations à des peines correctionnelles comme à des peines criminelles, et qu'elle peut être prononcée par les tribunaux correctionnels comme par les cours d'assises (art. 2).

c) C'est une peine complémentaire obligatoire : — *complémentaire*, en ce double sens : 1° qu'elle doit être prononcée par le juge qui a compétence pour statuer sur la dernière infraction et qu'elle ne fait pas l'objet d'un *débat principal* devant la cour d'assises ou le tribunal correctionnel; 2° qu'elle n'est jamais prononcée isolément et se rattache, non à une condamnation unique qu'elle complète, mais à une série de condamnations qui lui servent de base ; — *obligatoire*, en ce sens que le rôle du juge consiste simplement à examiner si le condamné se trouve dans les conditions voulues par la loi pour encourir la relégation, sans qu'il puisse l'en exempter ou restreindre la durée de la peine, toujours perpétuelle[1].

Le jugement ou l'arrêt doit, aux termes de l'art. 10, prononcer « *la relégation, en même temps que la peine principale.* » Ainsi, lorsqu'un récidiviste, qui se trouverait dans les conditions voulues pour être relégué, ne l'aura point été, soit par suite d'une erreur du tribunal, soit par suite du défaut ou d'une omission du casier judiciaire, il y aura *chose jugée au profit de l'inculpé*, et la peine de la relégation ne pourra être ajoutée par un jugement nouveau à une condamnation

---

[1] La question de savoir si la relégation serait *obligatoire* ou *facultative* pour les tribunaux est certainement celle qui a été le plus complètement discutée dans les deux Chambres. La relégation ne peut se justifier que par l'incorrigibilité constatée du prévenu. Que la loi établisse une présomption d'incorrigibilité basée sur le nombre, la nature des condamnations, rien de plus juste ; mais qu'elle rende cette présomption fatale et inéluctable, qu'elle défende de discuter devant le juge les antécédents du prévenu, les circonstances qui l'ont entraîné, les influences qu'il a pu subir, c'est là ce qui est absolument contraire soit au but même que l'on poursuit, soit au système général de notre législation qui réserve en général au juge le droit d'examiner la culpabilité individuelle de chaque prévenu. On a voulu que la loi s'appliquât toute seule, automatiquement; on s'est défié de la justice; on a craint qu'elle ne paralysât l'exécution d'une loi de salubrité sociale. Du reste, les tribunaux auront des moyens indirects d'écarter la relégation, soit en prononçant une condamnation plus indulgente lorsque la peine doit atteindre un délai fixe, soit en forçant la peine pour les prévenus qui approchent de leur soixantième année, soit en supprimant des circonstances aggravantes, soit en accordant des circonstances atténuantes.

précédente qui l'avait omise. C'est le droit commun de la récidive[1]. Mais il ne sera pas nécessaire, si l'inculpé vient à commettre postérieurement un délit, qu'il encourre, à nouveau, toute la série des condamnations énoncées par l'art. 4 pour que la relégation puisse lui être infligée.

d) La relégation a le caractère d'une peine *perpétuelle* (art. 1er), c'est-à-dire qu'elle doit durer autant que la vie même du condamné. Mais elle peut cesser exceptionnellement : 1° par suite d'une *grâce administrative*. Non que la remise ou la réduction de la peine principale relève, de plein droit, de la relégation, mais le condamné peut en être dispensé par une disposition spéciale des lettres de grâce ; il peut même, après avoir subi la peine principale, obtenir, par voie de grâce, une remise directe de la relégation (art. 15)[2]. 2° Elle cesse également par suite d'une *grâce judiciaire*. En vertu de l'article 16, le relégué peut, en effet, à partir de la sixième année de sa relégation, introduire, devant le tribunal colonial de sa résidence, une demande tendant à se faire relever de la relégation, en justifiant de sa bonne conduite, de services rendus à la colonisation et de ses moyens d'existence[3]. Si le condamné gracié vient à commettre, après son retour en France, un nouveau délit, dont la condamnation, réunie aux précédentes, donnerait lieu à relégation, la relégation devra, bien entendu, être prononcée contre lui, car la grâce, judiciaire ou administrative, n'a pu effacer les condamnations antérieures, elle n'a pu agir que sur la relégation elle-même.

La prescription n'a aucun effet sur la relégation, en ce double sens que la prescription de la peine principale ne libère pas le condamné de la relégation à laquelle il est soumis, et que le condamné ne peut pas, en se dérobant à l'exécution de la relégation, prescrire contre cette mesure[4].

---

[1] Cf. mon *Précis de droit criminel*, n° 251, p. 331.

[2] C'était le régime de la surveillance de la haute police ; c'est aujourd'hui le régime de l'interdiction de séjour (Cfr. art. 46 et 48).

[3] Cette disposition peut être doublement critiquée : 1° au point de vue législatif, elle introduit, dans notre système général, une sorte de *grâce judiciaire*, dont l'exercice est attribué à nos tribunaux coloniaux, de sorte que le tribunal de la métropole condamnera malgré lui, et le tribunal de la colonie pourra paralyser sa décision ; 2° au point de vue de la colonisation, cette disposition est funeste au but même que poursuit le législateur. D'année en année, la grâce judiciaire ou administrative enlèvera les meilleurs parmi les relégués et l'esprit de retour, sans cesse entretenu par cette disposition, les empêchera de songer à former dans la colonie un établissement durable.

[4] Ces solutions résultent du caractère de peine accessoire à la condamnation que la loi donne à la relégation.

c) La relégation est une peine de droit commun ; elle ne peut être encourue comme conséquence de condamnations pour crimes ou délits politiques, ou pour crimes et délits qui leur sont simplement connexes [1].

Un caractère essentiel de la relégation, c'est qu'elle ne doit être appliquée qu'à l'expiration de la dernière peine à subir par le condamné (art. 12). Elle constitue une mesure de police contre les *libérés ;* elle tend à les mettre dans l'impossibilité de nuire. C'est précisément à raison de ce caractère que naît la difficulté suivante : N'y a-t-il pas des peines que la relégation exclut ou qui excluent la relégation pour cause d'incompatibilité de régime ? La question se pose particulièrement dans trois circonstances.

a) La relégation exclut-elle l'*interdiction de séjour ?* Ainsi, un individu, dont le casier judiciaire contient une condamnation à cinq ans de réclusion, est condamné, pour un nouveau crime, à cinq ans de réclusion : la cour d'assises, en prononçant contre lui la relégation, a-t-elle à s'occuper de l'interdiction de séjour et doit-elle délibérer sur la dispense ou la réduction de cette peine ? La Cour de cassation ne l'a pas pensé, parce que « la relégation étant une peine perpétuelle à subir hors de France, il n'y a pas lieu à statuer sur l'interdiction de résidence en certains lieux de France [2]. » Ce raisonnement est-il bien juste ? N'est-ce pas conclure de l'incompatibilité entre l'exécution *concomitante* des deux peines, à l'incompatibilité dans leur prononciation ?

b) L'arrêté d'*expulsion* pris contre un étranger antérieurement à la condamnation qui entraînerait la relégation, empêche-t-il de condamner cet étranger à la relégation ? La solution négative ne me paraît pas douteuse. Il importe peu, en effet, que l'art. 8 de la loi du 3 décembre 1849 dispose, en termes impératifs, que tout étranger qui aura enfreint un arrêté d'expulsion « sera conduit à la frontière après l'expiration de sa peine, » puisque l'article 4 de la loi du 27 mai, aussi

---

[1] Sur la définition des crimes et délits politiques et des crimes et délits connexes, cf. *Précis de droit criminel,* nᵒˢ 74 et suiv.

[2] Cass., 8 avril 1886 (*Pandect. périod.,* 1886, 1, 110); LABORDE, *La Loi* du 22 mai 1886. Suivant un amendement proposé par MM. Rodet et Léon Renault, il était question d'ajouter à l'art. 19 un paragraphe ainsi conçu : « Cette interdiction ne devra être prononcée en aucun cas, lorsque la relégation sera encourue. » Cet amendement, accepté par la commission, avait même été adopté par la Chambre (séance du 28 juin 1883), mais il fut supprimé par le Sénat (séance du 12 février 1885).

impératif dans ses termes, décide, sans distinction de nationalité, que
« *seront relégués les récidivistes,*... etc. » L'étranger devra donc être
condamné à la relégation, et le gouvernement aura la faculté soit de
l'expulser, soit de le reléguer à l'expiration de sa peine [1].

c) L'individu condamné aux *travaux forcés* doit-il, s'il se trouve
dans les conditions prévues par la loi, être condamné à la relégation?
La question paraît résolue, dans un sens affirmatif, par l'art. 4, § 1,
de la loi du 27 mai, qui prononce la relégation comme conséquence
de la condamnation de certains récidivistes « *aux travaux forcés.* » Je
crois cependant, bien que ce texte ne fasse aucune exclusion, qu'en
prononçant une condamnation aux *travaux forcés à perpétuité*, la cour
d'assises ne pourrait pas condamner à la relégation le récidiviste se
trouvant dans un des cas prévus par l'article 4. D'une part, cette double
décision serait contradictoire, puisque la relégation est faite pour des
libérés; d'autre part, elle serait illégale, puisque la relégation ne
doit pas être prononcée contre les individus qui seraient âgés de plus
de soixante ans à l'expiration de leur peine [2]. Mais l'*obligation de résidence forcée* dans la colonie pénitentiaire, qui est imposée aux forçats
libérés, n'a pas été regardée comme incompatible avec la relégation,
et l'art. 4, § 1, réserve, en cas de condamnation d'un forçat à la relégation, l'application des §§ 1 et 2 de l'art. 6 de la loi du 30 mai 1854.
Le maintien de cette disposition donne lieu, du reste, à des conséquences aussi singulières qu'inattendues : 1° un condamné à huit ans
de travaux forcés se trouvera ainsi, après libération, être, pour toute
sa vie, sous le régime de la loi de 1854 et, à ce titre, ne sera pas
astreint au travail; 2° un condamné à moins de huit ans restera un
temps égal à celui de sa peine comme libéré ayant droit à l'oisiveté.
Après l'expiration de ce délai, il deviendra récidiviste ordinaire et
commencera à être astreint au travail.

6. Le système nouveau sur la récidive prend place à côté de celui
du Code pénal, sans qu'on ait songé à les harmoniser ou tout au moins
à les combiner. On s'est occupé, en 1885, des repris de justice, comme
si leur situation n'avait jamais été réglée par la législation antérieure.
Les dispositions des articles 56 et s. du Code pénal s'appliqueront

---

[1] *Sic*, Cass., 5 mars 1886 (D. 86, 1, 138). C'est dans ce sens, du reste, que la
question avait été résolue à la séance de la Chambre des députés du 7 mai 1883
(*Journ. off.*, 8 mai, *Débats parlem.*, p. 862). Cfr. cependant JAMBOIS, p. 13.

[2] Dans ce sens : GARÇON, *op. cit.*, n° 23; Cass., 26 juin 1886 (*Gaz. des tribunaux*
du 30 juin 1886).

donc soit *parallèlement*, soit *cumulativement* avec celles de la loi de
1885. Le repris de justice pourra être récidiviste dans le sens des
art. 56 et s., sans l'être dans le sens de la loi sur la relégation, et réci-
proquement [1]. Mais, s'il est récidiviste dans le sens de la loi de 1885 et
dans celui du Code pénal, il y aura lieu d'accumuler sur sa tête l'aggravation de peine, due à la circonstance aggravante légale des art. 56
et s., et la relégation qui est une suite fatale des diverses condamnations prononcées contre lui [2].

7. Quelle est, *au point de vue pénitentiaire*, l'organisation de la
relégation? Le législateur, par une véritable abdication, s'est déchargé
sur le pouvoir exécutif du soin de résoudre ce problème.

En effet, des règlements d'administration publique doivent déterminer : 1º les conditions dans lesquelles les relégués accompliront les
obligations militaires auxquelles ils restent soumis en vertu des lois
sur le recrutement de l'armée (art. 7 et 18); 2º l'organisation des pénitenciers mentionnés en l'article 12; 3º les conditions dans lesquelles
le condamné pourra être *dispensé* provisoirement ou définitivement de
la relégation pour cause d'infirmité ou de maladie, les mesures *d'aide
et d'assistance* en faveur des relégués ou de leur famille, les conditions auxquelles des *concessions de terrains*, provisoires ou définitives, pourront leur être accordées, les *avances* à faire s'il y a lieu,
pour premier établissement, le mode de remboursement de ces
avances, l'étendue des droits de l'époux survivant, des héritiers ou
des tiers intéressés sur les terrains concédés et les facilités qui pourraient être données à la famille des relégués pour les rejoindre; 4º les
conditions des *engagements de travail* à exiger des relégués; 5º le régime et la discipline des *établissements* ou *chantiers*, où ceux qui n'auraient ni moyens d'existence, ni engagement, seront astreints au
travail; 6º et, en général, toutes les mesures nécessaires à assurer
l'exécution de la présente loi.

Le premier règlement, destiné à organiser l'application de la loi,
devait intervenir dans un délai de six mois au plus, à dater de la pro-

---

[1] Qu'après avoir été condamné à cinq ans de réclusion, un individu soit condamné
à un emprisonnement pour un délit postérieur à la première condamnation, devenue
définitive : il est récidiviste dans les termes de l'article 57; mais il n'y a pas lieu de
prononcer contre lui la relégation. Tandis qu'un individu condamné quatre fois à
plus de trois mois d'emprisonnement pour vol ou escroquerie, devra être relégué,
sans qu'il soit cependant récidiviste dans le sens du Code pénal.

[2] C'est ce qui aura toujours lieu dans le premier cas de relégation prévu par
l'art. 4, § 1 : deux condamnations aux travaux forcés ou à la réclusion.

mulgation (art. 18), et la loi ne devenait exécutoire qu'à partir de la promulgation de ce premier règlement. Ce règlement est, en effet, intervenu à la date du 26 novembre 1885.

8. Mais deux questions ont été tranchées par la loi elle-même.

Le *travail* devra-t-il être imposé aux relégués ? ou bien la peine consistera-t-elle dans un simple internement ? Sera-ce une transportation avec ou sans travail forcé ? Dans la pensée première des auteurs du projet, entre le régime de la transportation avec travail forcé, qui s'applique à des *condamnés*, et la relégation, qui est une mesure de police vis-à-vis de *libérés*, existait une différence essentielle : le récidiviste devait retrouver, dans son domicile colonial, tous les droits, toutes les libertés dont jouissent les libérés. Mais ce système n'a pas prévalu. Le *travail obligatoire*, avec *internement à vie*, est le régime nouveau imposé au relégué (art. 1er) [1]. La peine, ainsi définie, ne diffère pas beaucoup de la transportation [2]. Cependant, il faut noter que l'interdiction légale, la dégradation civique, la double incapacité de recevoir ou de disposer à titre gratuit ne résultent pas de la relégation qui, par elle-même, n'entraîne aucune incapacité ou déchéance. Mais les condamnations auxquelles est attachée la relégation auront presque toujours laissé des traces sur la capacité du condamné, aussi l'article 17 autorise-t-il le gouvernement à accorder aux relégués l'exercice, sur le territoire de la relégation, de tout ou partie des droits *civils* dont ils auraient été privés par l'effet des condamnations encourues.

Le travail, ainsi rendu obligatoire, doit-il être imposé à tous les relégués ou seulement à ceux qui ne justifieraient pas de ressources personnelles ? La loi s'est prononcée dans ce dernier sens. Mais on comprend alors combien ce double régime fait exception à un des principes les moins discutés de notre droit moderne, celui de l'*égalité* de tous devant la loi pénale.

---

[1] Notre collègue, M. Léveillé, a fait, dans le journal *Le Temps*, une campagne fort énergique dans ce sens.

[2] La loi de 1885 supprime donc la gradation des peines consacrée par le Code pénal. Un récidiviste, coupable de vagabondage, de quelques vols, d'attentats à la pudeur, est soumis à une peine analogue à celle qui frappe les criminels les plus redoutables. Sa situation est même, à quelques points de vue, inférieure à celle des transportés. La durée de la peine de ces derniers est souvent limitée ; elle est toujours illimitée pour les relégués. De plus, les récidivistes peuvent être déportés à la Guyane, contrée qui a été reconnue insalubre pour les transportés eux-mêmes. De pareilles constatations montrent bien que cette loi a été faite sous l'empire de préoccupations qui n'ont rien à voir avec la justice pénale.

9. Cette inégalité a été encore aggravée par le règlement d'administration publique, rendu en exécution de l'art. 16, et qui porte la date du 26 novembre 1885. L'idée fondamentale qui le résume, c'est qu'il existe deux sortes de relégations : la *relégation individuelle* et la *relégation collective*. Ce décret s'occupe, dans son premier titre, de la distinction entre ces deux relégations; dans son second, des mesures d'exécution en France; dans son troisième, des mesures d'exécution dans les colonies.

10. La relégation *individuelle* consiste dans l'internement dans une colonie ou possession française déterminée. Les relégués y résident en état *de liberté* et sont soumis au *régime du droit commun* et aux juridictions ordinaires (art. 2, § 1).

La relégation *collective* consiste dans l'internement, sur un territoire déterminé, des relégués qui n'ont pas été, soit avant, soit après leur envoi hors de France, reconnus aptes à bénéficier de la relégation individuelle. Ils sont réunis dans des établissements où l'administration pourvoit à leur subsistance, et ils sont astreints au travail. Ils sont justiciables, pour la répression des crimes ou délits, d'une *juridiction spéciale* qui sera organisée par un règlement d'administration publique (art. 3).

La relégation *individuelle* est subie dans les *diverses* colonies ou possessions françaises.

La relégation *collective* s'exécute dans les territoires de la colonie de la *Guyane* et, si les besoins l'exigent, de la *Nouvelle-Calédonie* ou de ses dépendances. Au surplus, des règlements d'administration publique peuvent désigner ultérieurement d'autres lieux de relégation collective.

Des groupes ou détachements de relégués à titre collectif peuvent être envoyés *temporairement* dans les diverses colonies, pour être employés sur les chantiers des travaux publics, dans les conditions qui seront déterminées par décret rendu en Conseil d'État (art. 4).

Mais, en aucun cas, les mêmes établissements et les mêmes circonscriptions territoriales ne doivent être affectés concurremment à la *relégation collective* et à la *transportation* (art. 5).

Sont admis à la relégation *individuelle*, après examen de leur conduite : 1° Les relégables qui justifient de moyens honorables d'existence, notamment par l'exercice de professions ou métiers; 2° ceux qui sont reconnus aptes à recevoir des concessions de terre ; 3° ceux qui sont autorisés à contracter des engagements de travail ou de service pour le compte de l'État, des colonies ou des particuliers (art. 2).

L'admission au bénéfice de la relégation *individuelle* est prononcée par le ministre de l'intérieur, sur la proposition d'une *commission de classement* de sept membres et après l'avis préalable du parquet de la cour ou du tribunal ayant prononcé la relégation, du préfet du département où résidait le relégué avant sa condamnation et du directeur soit de l'établissement, soit de la circonscription pénitentiaire où le relégable se trouvait détenu en dernier lieu et enfin de médecins désignés par le ministre (art. 6).

La commission de classement est constituée par décret, sur le rapport du ministre de l'intérieur, après entente avec ses collègues de la justice, de la marine et des colonies (art. 7).

Le bénéfice de la relégation individuelle peut être *retiré :* 1° en cas de nouvelle condamnation pour crime ou délit ; 2° pour inconduite notoire ; 3° pour violation des mesures d'ordre et de surveillance auxquelles était soumis le relégué ; 4° pour rupture volontaire et non justifiée de son engagement ; 5° pour abandon de sa concession.

Le retrait est prononcé définitivement par le ministre de la marine et des colonies, sur la proposition du gouverneur, et après avis de la commission de classement instituée conformément à l'art. 8. Sa décision est également portée à la connaissance des ministres de la justice et de l'intérieur (art. 10).

Avant le départ des relégués, le ministre de l'intérieur peut, en cas d'urgence et à titre provisoire, les *dispenser* de la relégation pour cause de maladie ou d'infirmité, sur le rapport du directeur de l'établissement ou de la circonscription pénitentiaire et après avis des médecins chargés du service de santé.

11. Les récidivistes doivent subir, *avant* d'être embarqués, la dernière peine à laquelle ils auront été condamnés. Ils subiront cette peine, autant que possible, dans des pénitenciers spéciaux où ils seront *entraînés* à la vie coloniale. On leur fera commencer un apprentissage industriel ou agricole, dans des ateliers ou des chantiers annexés à l'établissement ; on les groupera par équipes, d'après leurs aptitudes.

Des ateliers seront affectés aux femmes.

L'embarquement aura lieu aux époques indiquées par le ministre de la marine, qui déterminera également la destination de chaque convoi.

12. Le dernier titre du règlement s'occupe, avec détail, des mesures d'exécution aux colonies.

Les récidivistes, astreints à la relégation collective, seront assujettis au travail dans des établissements pénitentiaires, sous la surveillance directe et incessante de l'administration. Ils seront employés à des travaux de culture, ou dans des mines, des forêts, ou bien réunis dans des ateliers ; l'État prélèvera un tiers de leur salaire pour leur entretien ; chaque soir, il faudra répondre à l'appel et revenir sous la clef de l'administration.

Les récidivistes, bénéficiant de la relégation individuelle, pourront obtenir à la Guyane, à la Nouvelle-Calédonie, ou dans toute autre colonie française, d'être employés isolément chez des particuliers, ou de créer des exploitations agricoles avec leurs deniers et même avec une subvention de l'État en outils, en approvisionnements et en avances d'argent.

13. L'autorité supérieure locale peut accorder au relégué l'autorisation spéciale de sortir *momentanément* du territoire de la relégation; mais le ministre seul pourra donner cette autorisation pour plus de six mois ou la réitérer. Tandis que l'art. 6 de la loi du 30 mai 1854 ne permet jamais d'autoriser le forçat libéré à rentrer en France, cette disposition trop inexorable n'est pas reproduite par la loi de 1885. Mais c'est le ministre seul qui pourra permettre, et pour six mois seulement, le retour en France du relégué (art. 13).

14. L'article 14 édicte les peines qu'encourent les relégués au cas où ils s'évaderaient ou outrepasseraient les permissions obtenues. Le relégué qui, à partir de l'expiration de sa peine, se rend coupable d'évasion, celui qui, sans autorisation, rentre en France ou quitte le territoire de la relégation, celui qui outrepasse le temps fixé par l'autorisation, est traduit devant le tribunal *correctionnel* du lieu de son arrestation ou devant celui du lieu de relégation et, après reconnaissance de son identité, est puni d'un emprisonnement de deux ans au plus. En cas de récidive, cette peine peut être portée à cinq ans. Elle est subie sur le territoire des lieux de relégation (art. 14).

15. **Des conditions de la relégation.** — Les conditions de la relégation doivent être examinées, soit au point de vue des *personnes* qui peuvent y être soumises, soit au point de vue des *faits* qui peuvent y donner lieu.

16. I. La *nationalité*, le *sexe*, l'*âge* des condamnés doivent-ils être pris en considération pour la prononcer ?

17. La loi n'a établi aucune distinction entre les récidivistes de *nationalité étrangère* et les récidivistes de *nationalité française* condamnés par des tribunaux français. Or, il est de principe que les lois de police et de sûreté obligent tous ceux qui habitent le territoire et les soumettent tous aux pénalités qu'elles édictent [1].

18. L'application de la relégation n'est pas non plus modifiée par le *sexe* du condamné; elle est prononcée et exécutée dans les mêmes conditions contre les femmes et contre les hommes [2].

19. Au contraire, la loi a établi une double limite, basée sur l'*âge* du condamné, à l'application de la relégation (art. 8) : 1° le récidiviste qui aurait dépassé l'âge de soixante ans [3], à l'expiration de la peine qui entraînerait la relégation, ne pourra être relégué. La relégation sera, dans ce cas, remplacée par l'interdiction perpétuelle de séjour [4]; 2° le récidiviste qui, à l'expiration de sa peine, serait mineur de vingt et un ans [5], ne pourra non plus être relégué. Il devra seulement être retenu dans une maison de correction jusqu'à sa majorité.

Une règle certaine se dégage des prescriptions de l'article 8 : c'est l'âge *précis* du prévenu, à l'expiration de sa peine, qui détermine la catégorie à laquelle il doit appartenir. Mais cette règle ne peut être appliquée que si l'on tient compte de trois observations essentielles :

a) Pour déterminer la date de la libération, le juge doit exclusivement se préoccuper de la durée qu'il attribue à la peine privative de liberté qu'il prononce; il ne peut savoir, en effet, à l'avance, quelle sera la durée effective de la peine subie. Si donc, par suite d'une mesure gracieuse, ou parce qu'elle est subie en cellule, la peine arrive à expiration avant que le condamné ait atteint soixante ans, ou après qu'il a dépassé vingt et un ans, y aura-t-il lieu, pour l'administration, d'appliquer la relégation au libéré? Évidemment non, la relégation ne pouvant résulter que d'une décision de justice.

b) Pour calculer la date de la libération, à partir de quel moment le juge doit-il compter la durée de la peine qu'il prononce? Un récidiviste est condamné, le 1er mai 1886, à six mois de prison pour vol : en prenant pour point de départ des six mois le jour même de la condamnation, l'expiration de la peine doit arriver avant que le con-

---

[1] Cfr. ce que nous avons dit plus haut, n° 5.

[2] Cfr. art. 20, 29, 30 du règlement d'administration publique du 26 nov. 1886.

[3] La limite de soixante ans se trouve déjà dans la loi de 1854, en ce qui concerne l'application des travaux forcés.

[4] L'interdiction de séjour, à la différence du renvoi sous la surveillance de la haute police, peut donc, mais dans ce cas seulement, être perpétuelle.

[5] La limite de vingt et un ans, si importante au point de vue civil, n'avait, jusqu'à la loi du 27 mai 1885, aucune importance au point de vue pénal.

damné ait atteint soixante ans ; le juge prononce la relégation. Mais le condamné fait appel, et la condamnation est confirmée. Or, si la cour prend pour point de départ de l'expiration de la peine la date de son arrêt et non plus celle du jugement, le condamné aura plus de soixante ans lorsqu'arrivera la libération. La cour doit-elle substituer l'interdiction de séjour à la relégation ? Si oui, il dépendra du condamné, en faisant appel, d'échapper à la relégation ; si non, la durée de la peine sera comptée avant qu'elle soit définitivement prononcée. A l'inverse, un prévenu, condamné à six mois de prison pour vol, et devant avoir moins de vingt et un ans à l'expiration de sa peine, échappe ainsi à la relégation : mais le ministère public fait appel et la cour confirme la condamnation. Si l'on prend pour point de départ la date de l'arrêt, l'expiration de la peine se placera à une époque où le condamné aurait dépassé l'âge de vingt et un ans. La cour doit-elle prononcer la relégation qui n'était pas encourue devant les premiers juges ? Il me semble difficile, quelles que soient les bizarreries qui en résulteront, de ne pas faire dater la peine du jour où elle est définitivement prononcée, car la peine n'a d'existence légale qu'à compter de ce moment-là. Les délais de l'appel et du pourvoi en cassation, si ces voies de recours sont formées, auront donc parfois pour conséquences de faire passer le condamné d'une catégorie dans une autre.

c) Il peut se faire que le récidiviste subisse déjà une peine au moment où sera prononcée la condamnation qui doit entraîner la relégation ; si le juge n'ordonne pas la confusion de la peine nouvelle avec la peine partiellement subie, il devra, pour calculer la date de la libération et savoir si elle tombe avant 21 ans ou après 60 ans, ne pas omettre le solde qui reste à subir de la peine en cours ; car, c'est seulement à l'expiration de la peine actuellement subie que commence la nouvelle peine, et la relégation ne doit être appliquée qu'à l'expiration de la dernière peine à subir par le condamné (art. 12).

Les condamnations encourues avant l'âge de vingt et un ans comptent pour le calcul des peines devant entraîner la relégation dans les conditions fixées par l'art. 4 de la loi (art. 6, § 2).

20. II. A quelles catégories de faits s'applique la loi ? Quels sont les récidivistes réputés incorrigibles ? Cette question est des plus difficiles à résoudre. Il s'agit d'établir une *présomption légale* et, d'après le système qui a prévalu, une *présomption péremptoire* d'une perversité avérée et incorrigible. Pour le faire, le législateur a tenu compte tout à la fois du *nombre* des condamnations antérieures, du *délai* dans lequel elles ont été prononcées, de la *gravité* des peines encourues, de la *nature* de l'infraction qui les a amenées. Ce sont les quatre éléments qui ont été combinés dans l'article capital de la loi, l'article 4.

21. Le législateur a d'abord tenu compte du délai dans lequel sont intervenues les diverses condamnations qui servent de base à la relégation. La récidive suppose entre les faits qui la constituent une connexité morale, résultant moins encore de la similitude de ces faits que de leur rapprochement. Peut-on considérer comme un « habitué du crime », celui qui laisse écouler, entre deux fautes, quinze ou vingt années de sa vie? C'est un *criminel d'occasion*, ce n'est pas un *criminel d'habitude*. Aussi, tandis que le Code pénal considère comme récidiviste celui qui, après avoir été condamné à une époque quelconque de sa vie, si ancienne soit-elle, commet une nouvelle infraction, la loi de 1885, plus logique certainement, établit un *délai d'épreuve*, après lequel les condamnations sont effacées et le récidiviste pour ainsi dire reclassé [1].

L'article 4 s'exprime ainsi: « *Seront relégués les récidivistes qui, dans quelque ordre que ce soit et dans un intervalle de dix ans, non compris la durée de toute peine subie, auront encouru les condamnations énumérées aux paragraphes suivants.* »

Trois règles se dégagent de ce texte:

1° L'ordre dans lequel les condamnations sont intervenues n'a pas d'influence sur la relégation. A ce point de vue, nous constatons une nouvelle différence avec le système du Code pénal, car un individu qui, après avoir été condamné à un emprisonnement correctionnel, commet un crime puni d'une peine criminelle, n'est pas un récidiviste au sens légal du mot, tandis qu'il serait récidiviste si la condamnation criminelle avait précédé la condamnation correctionnelle (C. p., art. 57).

2° Pour calculer le nombre des condamnations qui entraînent la relégation, il faut se placer dans une période de dix ans en remontant dans le passé depuis le jour de la dernière condamnation qui doit faire prononcer la relégation. En un mot, il ne suffirait pas que, dans la vie du condamné, il se rencontrât une période quelconque de dix ans contenant le nombre de condamnations exigé. Le législateur a voulu atteindre les récidivistes ou malfaiteurs d'habitude, réputés légalement incorrigibles au jour où ils comparaissent devant la justice. La période décen-

---

[1] Ce délai n'est certes pas, comme semblent l'affirmer quelques décisions judiciaires, un délai de prescription, c'est un délai préfix, auquel il y a lieu simplement d'ajouter la durée de toute peine subie.

nale a donc son point de départ certain dans la condamnation qui entraîne la relégation [1].

Mais des difficultés, presque insolubles, s'élèvent sur le mode de calcul de cette période. Logiquement, le point de départ du délai, en remontant dans le passé, devrait être placé au jour où la première condamnation, qui entre dans le calcul, est devenue définitive ; le point d'arrivée, au jour où est commise la dernière infraction qui motive la dernière condamnation, délai calculé de *die ad diem*. Malheureusement le texte ne permet pas d'adopter ce système. Le législateur ne s'est préoccupé que de la *date des condamnations :* il a cru que le juge, avec le casier judiciaire sous les yeux, n'aurait aucun embarras pour fixer le point de départ et le point d'arrivée du délai ; mais il n'a pas réfléchi que la date des condamnations, à la différence de la date des délits, n'avait rien de précis.

a) En effet, le point de départ du délai dans le passé se place-t-il au jour où la condamnation est prononcée ? se place-t-il au jour où elle est devenue définitive ? se place-t-il à toute autre date ? En d'autres termes, pour savoir si la première condamnation, qui entre dans le groupe visé par le jugement comme entraînant la relégation, se trouve comprise dans le délai de dix ans, doit-on tenir compte de la date même de la condamnation ou de la date où cette condamnation est devenue définitive ? J'estime qu'il faut prendre en considération le jour même de la condamnation : celui du jugement correctionnel, s'il est passé en force de chose jugée, celui de l'arrêt de la cour, s'il a été formé un appel, celui de l'arrêt de la cour d'assises. En effet, c'est la date de la condamnation qui figure seule dans le casier judiciaire, c'est à cette date que la condamnation est « encourue. »

b) La même question se représente pour la dernière condamnation qui doit intervenir dans le délai de dix ans, et je crois devoir la résoudre de la même manière. C'est à la date même où il se prononce et seulement à cette date que le juge doit examiner quelle conséquence produit la condamnation qu'il va rendre au point de vue de la relégation. Sans doute, mon opinion conduit à cette conséquence qu'il dépendra du ministère public ou même du prévenu, en retardant la poursuite, en faisant traîner l'information, en frappant d'appel le jugement, de faire encourir ou non la relégation. Mais ces contradictions sont l'œu-

---

[1] *Sic*, Cass., 11 mars 1886 (*Pandectes*, 1886, p. 107); Jambois, p. 36 ; Tournade, p. 28 ; Sauvajol (*Gazette des trib.* du 18 déc. 1885) ; Garçon, p. 4.

vre de la loi elle-même, qui exige, non que le dernier *délit* soit intervenu dans le délai de dix ans, mais que la dernière *condamnation* ait
été encourue dans ce délai [1].

3° La durée de toute peine subie augmente d'autant l'étendue de la
période où le nombre des condamnations doit compter pour la relégation. Le détenu n'a pas grand mérite à s'abstenir de crimes ou de délits
dans l'établissement où il est gardé, et puisque la période de dix ans
est un temps d'épreuve jugé tout à la fois suffisant et nécessaire, il
faut que le délai s'écoule en liberté pour que l'épreuve soit absolument
probante.

Les juges, en appliquant la loi doivent rechercher *en fait*, non la
durée des peines *prononcées*, mais la durée des peines *subies*. Peu
importe que les peines privatives de liberté aient été subies pour des
délits qui n'entraînent pas la relégation ; peu importe que la durée des
peines prononcées ait été diminuée par l'effet d'une grâce, ou par toute
autre cause, la loi ne distingue pas. Les juges, se plaçant au jour où
ils prononcent la dernière condamnation, remonteront donc à dix ans
en arrière, ils augmenteront ce délai de la *durée exacte* de toute peine
privative de liberté subie et ils rechercheront s'il est intervenu, dans
cet intervalle, un nombre de condamnations suffisant pour entraîner la
relégation [2]. Du reste, comme il est présumable que toute peine prononcée aura été subie dans son intégrité, ce sera au condamné à établir, en dehors de toute indication du dossier, que, par suite d'une
circonstance exceptionnelle, il n'a pas subi en totalité les peines qu'il
aurait encourues [3].

---

[1] La Cour de cassation s'arrêterait-elle cependant à la date du dernier délit ? il
semble bien que telle soit sa jurisprudence. On lit en effet dans les considérants d'un
arrêt de la chambre criminelle du 28 mai 1886 (*La Loi*, 17 juin 1886) : « Attendu que
le *fait qui a amené la dernière condamnation prononcée contre* B..... *a été commis le*
29 *nov.* 1885 ; qu'en tenant compte du temps que B..... a passé en prison pour subir
les diverses peines résultant des arrêts et jugements énoncés dans l'arrêt attaqué,
soit trois ans et sept mois, le point de départ de la période de 10 ans, déterminé
par la loi de 1885, remonte au 29 avril 1872. » La question avait été seulement posée
dans le rapport de M. Dupré-Lasale précédant l'arrêt du 11 mars 1886. V. ce rapport dans le *Journal des Parquets*, 1886, 2, p. 51. La Cour de cassation est probablement frappée par cette considération que le sort d'un prévenu ne peut dépendre
du degré de célérité apporté à la poursuite et à la répression.

[2] La peine subie peut avoir été effacée soit par amnistie, soit par réhabilitation,
soit enfin par révision : sa durée viendra-t-elle néanmoins en augmentation de la
période décennale ? M. Garçon a examiné cette question et les solutions qu'il donne
me paraissent très bien déduites. V. n° 15.

[3] La loi de 1885 astreint les tribunaux à des recherches et à des vérifications

22. Quatre cas de relégation sont prévus par l'art. 4. Dans les uns et les autres, le premier terme de la récidive, qui entraîne la relégation, résultant d'une ou de plusieurs *condamnations*, ces condamnations doivent remplir deux conditions générales et nécessaires.

Il faut d'abord qu'elles soient *définitives*. Sans cela, comment pourraient-elles servir de base à l'application d'une peine qui est la conséquence de ces condamnations ? Or, tel n'est pas le caractère d'une condamnation par contumace, tant qu'elle peut être anéantie par la représentation du condamné [1], ou d'une condamnation par défaut tant qu'elle peut tomber par l'effet d'une opposition. Mais cette condition n'est remplie que si la condamnation est devenue définitive avant la *perpétration du dernier délit* qui donne lieu à la relégation, sans quoi il n'y aurait pas récidive, mais réitération de délits, situation qui motiverait l'application de l'article 365 [2] du Code d'instruction criminelle, mais non celle de la loi de 1885.

Il faut ensuite que ces condamnations émanent d'un tribunal qui était français au moment où il a jugé. Mais il importe peu qu'elles aient été prononcées pour une infraction commise en France ou pour une infraction commise en pays étranger.

23. Chaque cas de relégation exige deux, trois, quatre, sept condamnations. Il est évident que la condamnation prononcée par le jugement qui entraîne la relégation doit être comptée pour l'application de cette dernière peine [3]. Le système contraire aurait pour résultat d'exiger, pour chaque cas de relégation, une condamnation *en plus du nombre légal*, trois au lieu de deux, quatre au lieu de trois, et ainsi de suite. En vain objecterait-on que la condamnation que prononce le juge n'est pas encore définitive et ne peut être comptée comme élément de la récidive ? car, la relégation ne devenant définitive qu'avec la peine elle-même, devenue irrévocable par la déchéance ou l'épuisement des voies de recours, aura bien sa base dans une deuxième, une troisième et une quatrième condamnation passée en force de chose jugée [4].

---

répétées, non moins qu'à de véritables calculs mathématiques, alternés de soustractions et d'additions en vue de déduire si l'accusé doit ou non être condamné à la relégation.

[1] Cf. mon *Précis*, n° 247, page 325 et note 1.

[2] Cf. Garçon, *op. cit.*, n° 20.

[3] *Sic*, Douai, 20 janvier 1886 (*Journal des Parquets*, 1886, 2, p. 36) ; Cass., 13 avril 1886 (*Pand. périod.*, 1886, 1, 110) ; Jambois, p. 21 et 22 ; Depeiges, p. 64.

[4] C'est l'observation ingénieuse que fait un jugement du tribunal de Saint-Quentin. en date du 4 février 1886 (*Pand. périod.*, 1886, 2, 116).

24. En organisant les quatre cas de relégation, la loi a voulu atteindre trois catégories de délinquants :

Les *grands criminels*, catégorie de beaucoup la moins nombreuse, car elle est déjà mise, en grande partie, dans l'impossibilité de nuire à la France continentale par les dispositions de la loi du 30 mai 1854, qui imposent aux forçats, après libération, une résidence obligatoire dans la colonie ;

Les *récidivistes de délits à délits* : c'est le gros de l'armée. La loi a, du reste, choisi, parmi les infractions de cette espèce, un certain nombre de faits, tels que le vol, l'escroquerie, l'abus de confiance, etc., qui, par leur fréquence autant que par leur danger, ont le caractère de véritables délits professionnels;

Les *mendiants et vagabonds*. La mendicité et le vagabondage constituent l'école du crime et sont en relation directe avec la criminalité, qui augmente ou diminue avec le développement de ces plaies sociales.

25. A. Le premier cas de relégation résulte de « deux condamnations aux travaux forcés ou à la réclusion, sans qu'il soit dérogé aux dispositions des paragraphes 1 et 2 de l'article 6 de la loi du 30 mai 1854. » Ainsi, toutes les fois que les tribunaux prononcent les travaux forcés ou la réclusion contre un individu déjà condamné aux travaux forcés et à la réclusion, ils doivent, en plus de l'aggravation de peine due à la récidive du Code pénal, le condamner, en même temps, à la relégation [1].

26. B. Le second cas de relégation suppose une condamnation aux travaux forcés et à la relégation « et deux condamnations soit à l'emprisonnement pour faits qualifiés crimes, soit à plus de trois mois d'emprisonnement pour : — Vol; — Escroquerie; — Outrage public à la pudeur; — Excitation habituelle des mineurs à la débauche; — Vagabondage ou mendicité par application des articles 277 et 279 du Code pénal. »

27. C. Le troisième cas exige « quatre condamnations soit à l'emprisonnement pour faits qualifiés crimes, soit à plus de trois mois d'emprisonnement [2] » pour les délits que nous venons de spécifier.

---

[1] Il faut que la première condamnation porte les travaux forcés ou la relégation. Si donc un individu avait été condamné à mort et avait été l'objet d'une commutation, il ne serait pas, en cas de condamnation nouvelle à la peine des travaux forcés ou de la réclusion, passible de la relégation.

[2] Pour savoir si la condamnation est à plus de trois mois, il faut se préoccuper de la durée même que le jugement donne à la peine. Il importe peu que la condamna-

28. Deux séries de difficultés ont surgi à propos de l'application de ces deux cas de relégation.

29. Deux fois, dans les paragraphes 2 et 3, se trouvent ces mots : « *condamnations à l'emprisonnement pour faits qualifiés crimes.* » Une condamnation de cette nature, lorsqu'elle s'ajoute à une condamnation à la réclusion ou aux travaux forcés, ou bien quatre condamnations de cette nature entraînent la relégation. Mais que faut-il entendre par là? L'expression peut s'appliquer à deux situations différentes. La première est celle d'une condamnation à l'emprisonnement par suite de *circonstances atténuantes* pour faits qualifiés crimes. Dans ce cas, la peine prononcée ne pourra jamais être inférieure à un an d'emprisonnement (C. p., art. 463), et le législateur a pu s'abstenir de fixer un minimum de condamnation comme il l'a fait pour les autres délits spécifiés. Mais un crime peut être puni de peines correctionnelles par l'effet d'une *excuse légale :* il s'agira, par exemple, d'un meurtre ou de coups et blessures provoqués, d'un crime commis par un mineur de seize ans ayant agi avec discernement. Dans ce cas, la peine peut descendre à six mois de prison (C. p., art. 326); elle peut même être inférieure à ce chiffre, si l'excuse légale concourt avec une déclaration de circonstances atténuantes. Que le texte s'applique à la première situation, il faut d'autant moins en douter que c'est la seule à laquelle le législateur paraisse avoir songé. Mais la relégation sera-t-elle encourue par suite d'une condamnation à l'emprisonnement résultant d'un crime excusé? Si l'on admet que le crime excusé reste un crime, le texte de la loi s'applique puisqu'il y a « condamnation à l'emprisonnement pour fait qualifié crime. » Si l'on admet, au contraire avec nous, que le crime excusé cesse d'être un crime et devient un simple délit, comme il s'agit d'un délit non spécifié, la relégation n'est pas encourue, quelque longue que soit la durée de la peine prononcée. Il est bien difficile de savoir à quel parti le législateur s'est arrêté, car il n'a certainement pas songé à cette situation [1].

30. Ce ne sont pas seulement les condamnations pour faits qualifiés crimes qui entraînent la relégation, mais encore les condamnations prononcées pour certains délits correctionnels dont le § 2 de l'ar-

---

tion supérieure à trois mois soit abrégée dans son exécution par suite d'une mesure de grâce ou par application de l'art. 4 de la loi du 5 juin 1875. Cf. A. Desjardins, *Le Droit* des 25 et 26 janvier 1886.

[1] Sur la question, cf. mon *Précis de droit criminel*, n° 274; Garçon, *op. cit.*, n°ˢ 24 à 28.

ticle 4 donne l'énumération. Cette liste, essentiellement *limitative*, comprend : 1° le vol; 2° l'escroquerie; 3° l'abus de confiance; 4° l'outrage public à la pudeur; 5° l'excitation habituelle des mineurs à la débauche; 6° le vagabondage et la mendicité avec les circonstances aggravantes prévues par les articles 277 et 279 du Code pénal.

La détermination exacte des délits spécifiés a donné lieu à des difficultés.

Bien que la loi ne s'en explique pas, il me paraît d'abord évident que les condamnations pour *complicité* et les condamnations pour *tentative* comptent au point de vue de la relégation [1]. L'article 59 du Code pénal assimile, en effet, le complice à l'auteur principal; il en résulte que le condamné pour vol, etc., à plus de trois mois d'emprisonnement, quelle que soit la qualification de sa participation au délit, est dans les conditions voulues pour être relégué. Quant aux tentatives de délits, elles ne sont réprimées que dans les cas déterminés par la loi; or, parmi les délits que spécifie l'art. 4, le *vol* et l'*escroquerie* sont les seuls pour lesquels la tentative soit punissable. La loi ne s'étant pas occupé des condamnations à plus de trois mois d'emprisonnement pour tentative d'un de ces délits, on a prétendu que ce silence devait s'interpréter en faveur des condamnés pour simple tentative de vol ou d'escroquerie. Mais le silence de la loi ne peut faire écarter l'application du droit commun qui assimile, au point de vue des conséquences pénales, l'infraction tentée à l'infraction consommée.

Ceci posé, le premier délit dont l'art. 4, § 2, fasse mention est le *vol*. Sous cette expression générale, la loi a voulu seulement comprendre les faits réunissant les éléments constitutifs du délit défini par l'article 379 : « Quiconque a soustrait frauduleusement une chose qui ne lui appartient pas », mais elle n'a voulu comprendre que ces faits. Donc : 1° la relégation ne pourra être prononcée pour le délit commis au préjudice des restaurateurs, délit prévu par le nouvel article 401, dernier alinéa [2]. S'il y a fraude de la part de celui qui se fait servir des boissons ou des aliments sachant qu'il ne pourra pas les payer, il n'y a pas soustraction, celui à qui appartenaient les aliments ou les boissons les ayant livrés sous l'empire d'une erreur, mais volontairement. Ce fait ne rentre dans les termes ni du vol, ni de l'escroquerie, ni de

---

[1] Cf. D. 1886, 2, 50; Cass., 10 juin 1886 (*Gazette des tribunaux* du 30 juin 1886).

[2] *Sic,* Trib. correct. Seine, 31 déc. 1885 (D. 85, 5, 399); Lyon, 1er mars 1886; Paris, 13 mars 1886; Cass., 5 juin 1886 (*Gaz. des trib.* du 30 juin 1886); GARÇON, n° 40. — *Contra,* TOURNADE, p. 36-37.

l'abus de confiance, et c'est précisément parce qu'il ne constitue aucun de ces délits que la loi du 26 juillet 1873 est intervenue pour ajouter à l'art. 401 du Code pénal une nouvelle incrimination, punie des peines du vol; 2° mais la relégation sera attachée aux condamnations prononcées pour les délits prévus par les articles 388 et 389 du Code pénal, vols de chevaux, voitures, bestiaux et instruments d'agriculture, etc., puisque ces divers faits constituent des soustractions frauduleuses de la chose d'autrui. Des difficultés sérieuses commencent avec l'article 400. Pour moi, je ne vois pas, dans les délits spécifiés dans cet article, de véritables vols, car ils ne rentrent pas dans la définition générale de l'art. 379. J'en dirai autant des délits prévus par les articles 387 et 399; 3° mais, au contraire, la relégation pourra être attachée aux condamnations prononcées pour les larcins ou les filouteries dont il est question dans l'article 401, puisque ce sont là de véritables vols, qui diffèrent seulement par leur mode d'exécution du vol proprement dit.

Après le vol, la loi fait mention de l'*escroquerie*. Sur l'étendue de l'incrimination aucune difficulté ne peut s'élever. Il faut, mais il suffit que le prévenu ait été condamné par application de l'article 405 du Code pénal.

Sous la rubrique générale d'*abus de confiance,* le Code pénal comprend quatre délits distincts. Le premier est prévu par l'article 409 : il consiste dans la soustraction d'une pièce produite dans une instance, mais il ne peut donner lieu qu'à une peine d'amende. La question de savoir si ce fait constitue un abus de confiance, au point de vue de la relégation, ne se posera donc pas. Le second est l'abus de confiance proprement dit, prévu et puni par l'article 408. Personne ne peut douter qu'il n'entraîne la relégation. Quant à l'abus de blanc-seing puni par l'article 407, ce n'est qu'une espèce d'abus de mandat qui rentrerait dans les termes de l'article 408, si la loi n'avait pas jugé à propos d'en faire l'objet d'une incrimination spéciale. Mais l'abus dés faiblesses et des passions d'un mineur, puni par l'article 406, constitue-t-il un véritable abus de confiance dans le sens de la loi sur la relégation? Je sais bien que le Code pénal range ce fait sous la rubrique générale d'abus de confiance, mais, comme le délit ne consiste pas à abuser de la *confiance* mais bien des *besoins*, des *faiblesses* et des *passions* du mineur, il me paraît qu'il n'y a pas abus de confiance [dans le sens propre du mot au point de vue de la relégation.'

Les quatre derniers délits mentionnés dans l'article 4, § 2, l'outrage public à la pudeur, l'excitation habituelle de mineurs à la débauche, le vagabondage et la mendicité par application des articles 277 et 279 du Code pénal ne soulèvent pas de difficultés spéciales. Je fais observer seulement que le premier délit, prévu par l'article 330 du Code pénal, est un délit distinct du délit d'*outrages aux bonnes mœurs* prévu par l'article 18 de la loi du 27 juillet 1881 et l'article 2 de la loi du 2 août 1882.

31. D. Seront relégués, d'après le § 4 de l'article 4, les récidivistes qui ont encouru « *sept condamnations dont deux au moins prévues par les deux paragraphes précédents et les autres, soit pour vagabondage, soit pour infraction à l'interdiction de résidence simple, par application de l'article 17 de la présente loi, à la condition que deux de ces autres condamnations soient à plus de trois mois d'emprisonnement.* »

Ce quatrième cas de relégation est le plus fécond en difficultés.

32. Il faut d'abord sept condamnations. Une condamnation aux travaux forcés ou à la réclusion peut-elle rentrer dans ce cadre et compter pour la relégation ? « *Sept condamnations dont deux au moins prévues par les paragraphes précédents...,* » dit le texte. Les deux paragraphes précédents sont les §§ 2 et 3 de l'article 4. Ne doit-on pas y ajouter le § 1 ? Il serait absurde qu'une condamnation aux travaux forcés ou à la réclusion ne comptât pas, au point de vue de la relégation, autant qu'une condamnation à l'emprisonnement pour vol ou escroquerie. Mais cet argument est-il suffisant dans une loi qui est elle-même un tissu de contradiction? Voici qui est plus concluant. L'article 4, § 4, renvoit aux §§ 2 et 3, le § 2 renvoit au § 1er ; par conséquent, au point de vue même du texte, le § 4, en visant les « deux paragraphes précédents », vise implicitement le § 1er. Je ne crois donc pas que l'on puisse soutenir sérieusement que, dans le cadre des sept condamnations prévues par la loi, ne figureraient pas les condamnations aux travaux forcés ou à la réclusion [1].

33. Mais la question vraiment sérieuse est celle de savoir si l'on peut remplacer les condamnations à plus de trois mois pour vagabondage, spécifiées par le § 4 de l'article 4, par des condamnations pour crime, ou par des condamnations à plus de trois mois pour un des délits spécifiés au § 3, vol, escroquerie, etc. ? Comprenons bien la

---

[1] Cette opinion a cependant été soutenue par M. Tournade, *op. cit.*, p. 40. Mais cfr. JAMBOIS, *op. cit.*, p. 26.

difficulté. La loi exige : 1° au moins deux condamnations prévues par les §§ 1, 2 et 3 de l'article 4; 2° cinq condamnations pour vagabondage, ou interdiction de résidence. De ces cinq dernières condamnations, la loi fait deux catégories : la première comprend deux condamnations à plus de trois mois d'emprisonnement; et la seconde, trois condamnations à des peines quelconques.

En ce qui concerne la première catégorie, la qualification : vagabondage ou interdiction de séjour n'est nécessaire que pour une des deux condamnations. L'autre peut être une de celles appartenant au premier groupe dont la loi dit : « deux au moins des condamnations prévues par les deux paragraphes précédents. » Ce point est hors de doute : en d'autres termes, il n'est pas besoin, pour que la relégation soit applicable, qu'il y ait *cinq* condamnations pour vagabondage ou interdiction de séjour, il suffit de *quatre* condamnations, si, d'ailleurs, il y en a trois prévues par les paragraphes précédents [1].

En ce qui concerne la seconde catégorie, les trois condamnations portant peines quelconques pour vagabondage ou interdiction de séjour sont *nécessaires;* elles ne pourraient être remplacées par aucune autre relative aux délits spécifiés dans l'article 4. Trois condamnations pour vol ou pour escroquerie, par exemple, n'équivaudraient pas à ces trois condamnations pour vagabondage ou infraction à interdiction de séjour. Le texte ne se prête qu'à cette solution, et il est conforme, du reste, à l'esprit de la loi, qui a voulu faire tomber une catégorie spéciale de délinquants, les vagabonds d'habitude, sous le quatrième cas de relégation [2].

---

[1] Cela résulte tout à la fois du texte et des travaux préparatoires. Cfr. S., *Lois annotées*, 1885, p. 828, note 25; JAMBOIS, *op. cit.*, p. 28; GARÇON, n° 55; VILLEY, en note (S. 86, 2, 74).

[2] *Sic*, JAMBOIS, p. 28; GARÇON, n° 60; LABORDE (*La Loi*, 22 mai 1886); Paris, 12 avril 1886 (D. 86, 2, 62); Bourges, 21 janvier 1886 (D. 86, 2, 57); Orléans, 9 février 1886 (D. 86, 2, 59). Mais en sens contraire : TOURNADE, *op. cit.*, p. 40; Cass., 16 avril 1886 (Thurot); Montpellier, 4 février 1886 (D. 86, 2, 61).

34: Tableau résumant les quatre cas de relégation :

1er CAS. 2 condamnations.	2e CAS. 3 condamnations dont :	3e CAS. 4 condamnations.	4e CAS. 7 condamnations dont :
Aux travaux forcés ou à la réclusion.	Une { Aux travaux forcés ou à la réclusion. Et deux { Soit à plus de trois mois d'emprisonnement pour .. { Soit à l'emprisonnement pour faits qualifiés crimes. { Vol. Escroquerie. Abus de confiance. Outrage public à la pudeur. Excitation habituelle de mineurs à la débauche. Vagabondage. Mendicité. { Par application des art. 277-279 du C. p.	Soit à plus de trois mois d'emprisonnement pour .. { Soit à l'emprisonnement pour faits qualifiés crimes. Vol. Escroquerie. Abus de confiance. Outrage public à la pudeur. Excitation habituelle de mineurs à la débauche. Vagabondage. Mendicité. { Par application des art. 277-279 du C. p.	Deux au moins prévues par les paragraphes précédents, c'est-à-dire : { Une { Travaux forcés ou réclusion. Soit à l'emprisonnement pour faits qualifiés crimes. Et une avec cette dernière ou deux sans elle. { Soit à plus de trois mois d'emprisonnement pour .. { Vol. Escroquerie. Abus de confiance. Outrage public à la pudeur. Excitation habituelle de mineurs à la débauche. Vagabondage. Mendicité. { Par application des art. 277-279 du C. p. Deux à plus de 3 mois de prison { Infraction à l'art. 19. Vagabondage. Les autres pour { Infraction à l'art. 19. Vagabondage.

35. Lorsqu'une peine unique est prononcée pour plusieurs délits dont les uns comptent et les autres ne comptent pas au point de vue de la relégation, est-il permis de faire état de la condamnation? La question est de nature à se poser, soit par suite de la réunion d'un délit spécifié par la loi de 1885 et d'un délit non spécifié, par exemple d'un vol et d'un délit d'outrage aux agents, soit par suite de la réunion de deux délits spécifiés, mais ne rentrant pas dans les mêmes cas de relégation, par exemple, d'un vol et d'un délit de vagabondage simple. La loi ne l'a pas prévue, elle ne l'a même pas aperçue. La question se pose uniquement, parce qu'il est difficile, en présence d'une peine unique, afférente à deux ou plusieurs délits, de savoir quel est le *quantum* de la peine correspondant à chacun d'eux. Aussi, toutes les fois qu'il sera possible de le déterminer, la condamnation comptera ou ne comptera pas, suivant qu'elle aura été prononcée pour tel ou tel délit dans les conditions de nature et de durée fixées par la loi. Ce point de départ accepté, et il s'impose, il faut, je crois, faire une distinction pour résoudre la question [1].

Première hypothèse. — Les deux délits concurrents ont fait l'objet de poursuites *successives* : deux peines ont été prononcées, mais les juges, saisis de la seconde poursuite, ont ordonné, par application de l'art. 365 du Code d'instruction criminelle, que les peines se confondraient jusqu'à concurrence de la plus grave. Dans ce cas, la peine afférente au délit spécifié par la loi de 1885 sera connue, et il pourra en être fait état. En vain, dirait-on, que cette circonstance importe peu et qu'il serait injuste de traiter autrement le prévenu qu'il ne l'aurait été si les deux délits eussent été réunis dans la même poursuite, et si une seule peine, — la plus grave, — eût été prononcée? Car la règle du non-cumul n'a pas pour objet d'assurer l'impunité au coupable, mais d'empêcher l'exagération dans la pénalité. Toutes les condamnations prononcées seront inscrites au casier judiciaire, et la condamnation visée par la loi produira son effet, au point de vue de la relégation, dès qu'elle sera devenue définitive.

Deuxième hypothèse. — Les deux délits sont réunis dans la même poursuite et punis par le même jugement d'une peine unique. Il est d'abord possible qu'à la seule lecture du jugement de condamnation, le juge, appelé à prononcer la relégation, puisse savoir s'il doit tenir

---

[1] Sur la question, cf. Tournade, n° 16; Garçon, n° 48; Laborde, *La Loi* du 26 mai 1886; Villey, *op.* et *loc. cit.*

compte de la condamnation. C'est ce qui arrive dans les trois cas suivants :

1° Le juge a pu, en condamnant pour les deux délits, prononcer deux peines applicables à chacun, et ordonner qu'elles se confondront jusqu'à concurrence de la plus forte. L'art. 365 s'exprime, il est vrai, ainsi : « En cas de conviction de plusieurs crimes ou délits, *la peine la plus forte sera seule prononcée.* » Est-ce à dire que le juge ne puisse tenir compte que de l'un des délits, le plus grave ? qu'il ne puisse condamner que pour ce délit ? C'est bien ce qui a été soutenu [1], mais par une interprétation inexacte de la loi, car l'article 365 veut simplement dire que la condamnation ne devra pas dépasser la peine la plus forte et il ne s'oppose pas à ce que le juge tienne compte, dans cette limite, des deux délits qui lui sont déférés. Dans ce cas, le juge pourra et devra viser la peine afférente au délit spécifié pour prononcer la relégation.

2° Il en sera de même lorsque la peine, appliquée à raison de deux délits, excède de plus de trois mois la peine afférente au délit spécifié. Il sera encore certain, dans ce cas, que le prévenu a été condamné pour le délit spécifié dans les conditions voulues par la loi. Ainsi, dans une condamnation à treize mois de prison pour vol et vagabondage, sept mois au moins appartiennent au vol, le maximum de l'emprisonnement pour vagabondage étant fixé à six mois (C. p., art. 271).

3° Lorsque l'un des délits sera un de ceux pour lesquels la loi de la relégation n'exige aucune condition de durée, il suffira que le délit ait été déclaré constant pour qu'il puisse entrer en compte pour la relégation. La loi dit en effet : « Seront relégués les individus qui... auront encouru les *condamnations* énumérées... »

Pour nous, la seule hypothèse délicate est celle où une condamnation unique est prononcée à raison de deux délits, dont un seul est compté pour la relégation et à la condition que la peine soit supérieure à trois mois, sans que la peine prononcée par le juge excède de plus de trois mois le maximum applicable au délit qui ne compte pas. Supposons, par exemple, que le double délit de mendicité (C. p., art. 274) et de vol (C. p., art. 401) ait été puni de trois mois d'emprisonnement : fera-t-on porter cette condamnation sur le délit de mendicité ou sur le délit de vol ?

On conçoit d'abord deux opinions radicales.

---

[1] Cf. D. 86, 2, 50.

La première permet de compter toujours, pour la relégation, la peine prononcée pour les délits multiples. Le texte de l'article 4 de la loi de 1885 exigeant, en effet : 1° une condamnation d'une certaine nature (vol, par exemple); 2° une peine d'une certaine durée (trois mois), quand ces deux conditions se rencontrent, la relégation doit être applicable sans que le juge ait à se préoccuper de la concomitance de deux délits. Dans ce système, la peine prononcée s'applique pour le tout à chaque délit [1].

La seconde opinion n'admet pas que l'on puisse rattacher la peine, en tout ou en partie, au délit frappé de relégation, et, en présence d'une peine unique, afférente à deux délits, elle estime qu'il y a doute tout au moins sur le *quantum* de la peine correspondante à l'un ou à l'autre et que le doute doit profiter au prévenu.

Ces deux opinions, également absolues, écartent de la question l'art. 365 C. inst. cr., dont il me paraît difficile de faire complètement abstraction. Il me semble préférable d'examiner quel délit emporte *légalement* la peine la plus forte et, si c'est un délit spécifié par l'article 4, de compter la condamnation au point de vue de la relégation [2]. Ainsi, dans notre espèce, le délit de mendicité était punissable de trois à six mois d'emprisonnement (C. p., art. 274), le délit de vol de un an à cinq ans (C. p., art. 401) : c'est pour le vol que la peine a dû être prononcée en dehors de toute indication contraire émanée du juge. Ce n'est donc que dans le cas où les deux délits sont punis de la même peine, qu'il y a doute sur la question de savoir à quel délit s'applique la condamnation et qu'il ne peut en être fait état au préjudice du prévenu.

36. Les condamnations qui auront fait l'objet de grâce, commutation ou réduction de peine seront néanmoins comptées en vue de la relégation (art. 6). La *grâce*, en effet, n'infirme pas la condamnation; celle-ci continue donc de produire tous les effets dont elle est susceptible. Il n'en est pas de même de la *réhabilitation*. Le nouvel article 634 du Code d'instruction criminelle, modifié par la loi du 14 août 1885, décide, en effet, que la « réhabilitation efface la condamnation et fait cesser, pour l'avenir, toutes les incapacités qui en résultent »; de sorte que l'article 5 *in fine* de la loi du 27 mai 1885, en décidant que les condamnations effacées par la réhabilitation ne seront pas

---

[1] *Sic*, Paris, 5 avril 1886 (Bonhommet); Cass., 10 juin 1886 (*Gaz. des tribunaux* du 30 juin 1886).

[2] *Sic*, Montpellier, 11 mars 1886 (*La Loi*, 8 avril 1886); Orléans, 9 février 1886 (Tatou); TOURNADZ, *op. cit.*, n° 16.

comptées au point de vue de la relégation, rentre désormais dans les termes d'une règle générale. Quant à l'*amnistie*, elle efface le délit comme la condamnation. La *prescription* doit être assimilée à la grâce; elle libère le condamné de la peine principale, mais sans le décharger de la condamnation qui peut toujours servir de base à l'application, soit de la relégation, soit de la récidive.

37. Rétroactivité de la loi de 1885. — La loi de 1885 s'occupe, dans l'article 9, de la situation transitoire faite aux repris de justice : « *Les condamnations encourues antérieurement à la présente loi seront comptées, en vue de la relégation, conformément aux dispositions précédentes. Néanmoins, tout individu qui aura encouru, avant cette époque, des condamnations pouvant entraîner dès maintenant la relégation, n'y sera soumis qu'en cas de condamnations nouvelles dans les conditions ci-dessus prescrites* [1] ». La solution est à la fois très-simple et très-juste. D'une part, le juge doit tenir compte des condamnations antérieures à la loi, car, en faire abstraction, ce serait reculer indéfiniment l'application de la relégation. Mais, d'autre part, quelles que soient les condamnations antérieures, le récidiviste ne sera soumis à la relégation que s'il montre son incorrigibilité absolue en se faisant condamner de nouveau.

Mais la rédaction même de cette disposition a donné lieu à plusieurs questions, toutes très-délicates à résoudre.

1° Pour qu'il y ait condamnation nouvelle, dans le sens de l'article 9, suffit-il que la condamnation intervienne depuis la promulgation de la loi du 27 mai, ou bien faut-il que le délit, pour lequel la condamnation nouvelle est prononcée, soit postérieur à cette époque ? En d'autres termes, la relégation sera-t-elle attachée à une condamnation prononcée après la promulgation de la loi, mais pour un fait antérieur à cette promulgation ? A ne s'arrêter qu'au sens littéral du texte, il semble nécessaire, mais suffisant, que la condamnation soit postérieure, sans qu'il y ait à se préoccuper de la date du délit. Mais une telle interprétation donnerait à la loi un effet rétroactif, car le repris de justice serait frappé d'une peine que la loi ne prononçait pas au moment où il a commis le délit. Il faudrait donc que la volonté du législateur apparût bien clairement pour décider la question dans ce sens. Or, le texte veut une condamnation *nouvelle*; il ne dit pas à

---

[1] D'après l'art. 21 de la loi du 27 mai, cette loi ne devait être exécutoire qu'après la promulgation du règlement d'administration publique destiné à en régler l'application. Ce règlement porte la date du 27 novembre 1885.

quelles conditions elle sera nouvelle, entendant s'en référer, sur ce point, au droit commun de la non-rétroactivité[1].

2° Quels doivent être le titre de la prévention, la nature et le taux de la peine pour que la condamnation nouvelle soit réputée encourue ? Il ne suffit pas certainement d'une condamnation quelconque pour un délit postérieur à la promulgation de la loi, il faut l'une des condamnations visées par l'article 4. C'est ainsi qu'une condamnation pour vol, inférieure à trois mois d'emprisonnement, n'entraînera pas la relégation, puisque l'article 4 ne compte, en vue de la relégation, pour les délits de cette nature, que les condamnations à un emprisonnement de plus de trois mois. Mais, ce point acquis, suffit-il que la condamnation nouvelle soit l'une quelconque de celles visées par l'article 4 pour que la relégation soit applicable ? Voici un individu, qui a encouru, avant la promulgation de la loi, quatre condamnations à plus de trois mois d'emprisonnement pour vol ; s'il en subit une quatrième à plus de trois mois pour vol, escroquerie, abus de confiance, etc., à la suite d'un délit postérieur à la promulgation de la loi, il sera certainement sous le coup de la relégation par application des articles 4, § 3, et 9 combinés. Mais il encourt une condamnation nouvelle pour vagabondage simple à un mois de prison ; doit-il être relégué? On conçoit deux réponses à cette question. On peut considérer que, la condition mise par l'article 9 au prononcé de la relégation est remplie, puisque, d'une part, le casier porte quatre condamnations pour vol à plus de trois mois de prison, prononcées, il est vrai, antérieurement à la promulgation de la loi, mais que, d'autre part, une condamnation nouvelle, pour l'un des délits visés par l'art. 4, est intervenue postérieurement à la promulgation de la loi. Mais on peut aussi écarter la relégation en faisant remarquer que la loi de 1885 énumère quatre groupes de condamnations, dont chacun constitue un cas spécial de relégation : or, le vagabondage simple n'entraîne cette mesure que pour celui qui a subi sept condamnations et se trouve dans les termes de l'article 4, § 4. Je crois, en effet, que la condamnation nouvelle « dans les conditions ci-dessus prescrites » est une condamnation du groupe auquel le repris de justice appartient par son casier judiciaire[2]. Dans notre

---

[1] *Sic*, Cass., 25 fév. 1886 (*Pandectes périod.*, 1886, 1, 106); 8 avril 1886 (*id.*, 1886, 1, 108); Chambéry, 14 janv. 1886 ; Paris, 18 janv. 1886 ; Montpellier, 30 janv. 1886 ; Nîmes, 2 janv. 1886 (*Pandect. périod.*, 1886, 2, 115); TOURNADE, p. 55 ; JAMBOIS, p. 10 ; DEPEIGES, p. 63 et s.

[2] *Sic*, Cass., 16 avril 1886 (*Pandectes périodiques*, 1886, 1, 105) ; V. également les

espèce, en effet, la relégation ne saurait être prononcée ni en vertu du § 3 de l'article 4, puisque les quatre condamnations, antérieures à la promulgation, ne comptent que si une condamnation dans les conditions prescrites intervient après la promulgation de la loi, ni en vertu du § 4, puisque le casier judiciaire ne porte que quatre condamnations.

3° Les condamnations pour rupture de ban prononcées antérieurement à la loi de 1885 qui supprime la surveillance de la haute police doivent-elles être assimilées aux condamnations pour infraction à l'interdiction de résidence que vise l'art. 4 ? On peut discuter sur l'analogie que présentent les deux infractions à raison de l'analogie des deux institutions, quoiqu'à vrai dire, il soit difficile de considérer les obligations qu'impose l'interdiction de certains lieux, comme équivalentes aux obligations qu'imposait la résidence forcée; mais je crois que ces discussions n'ont aucune importance pour la solution de la question. L'article 4, § 4, ne comprend pas les condamnations pour rupture de ban parmi celles qui peuvent entraîner la relégation, et cela suffit pour ne pas les compter [1].

III.

38. Tribunaux compétents pour prononcer la relégation. — 39. Visa des condamnations par la juridiction qui prononce la relégation. — 40. Procédure devant la cour d'assises. — 41. Procédure devant les tribunaux correctionnels. — 42. Exclusion de la procédure du flagrant délit. — 43. Défenseur d'office.

38. Tribunaux compétents pour prononcer la relégation. — La relégation ne peut être prononcée « *que par les cours et tribunaux ordinaires comme conséquence de condamnations encourues devant eux à l'exclusion de toutes juridictions spéciales et exceptionnelles.* » Mais, l'article 2 ajoute, comme corollaire : « Les cours et tribunaux pourront toutefois tenir compte des condamnations prononcées par les tribunaux militaires ou maritimes, en dehors de l'état de

nombreuses décisions de cours d'appel rendues dans ce sens, rapportées dans le même recueil, 1886, 2, 118.

[1] En sens contraire : Cass., 16 avril 1886 (*Pandectes*, 1886, p. 105). Mais dans ce sens : TOURNADE, p. 42 ; DEPEIGES, p. 42 ; JAMBOIS, p. 40 ; Villey, *op. et loc. cit.;* LABORDE, *op. et loc. cit.;* L. SARRUT (D. 86, 2, 50).

siège ou de guerre, pour les crimes ou délits de droit commun spécifiés à la présente loi. »

Deux règles se dégagent de ces textes : 1° les tribunaux ordinaires,
c'est-à-dire, ici, les cours d'appel, les cours d'assises, les tribunaux correctionnels sont, à l'exclusion des tribunaux ·spéciaux,
appelés à prononcer la relégation [1]. Mais, en Algérie, par dérogation à cette règle, les conseils de guerre prononceront la réléga-
tion contre les indigènes des territoires de commandement qui
auront encouru, pour crimes ou délits de droit commun, les condamnations prévues par la loi (Art. 20). 2° Les tribunaux ordinaires *peuvent*, — ce n'est pas une *obligation* mais une *faculté*, — tenir compte
des condamnations prononcées par les tribunaux militaires ou maritimes dans les conditions prévues par la loi. De cette double règle
résultent d'abord ces singularités relevées par M. Lorois au cours des
débats : « Un individu condamné d'abord par le conseil de guerre,
puis par une juridiction ordinaire, ne sera relégué que si le tribunal
le décide. Si, au contraire, nous supposons qu'il est condamné par un
tribunal ordinaire, puis par un tribunal militaire, il ne pourra pas
être relégué. Ajoutez à cela qu'un militaire qui a un complice civil ne
peut être renvoyé devant un conseil de guerre, et que, par suite, il
encourra la relégation qu'il n'aurait pas encourue s'il n'avait pas eu
de complice civil. »

Pour déterminer dans quels cas la condamnation aura été prononcée pour crime ou délit de droit commun, il faut tenir compte de
trois situations possibles : *a*) Toutes les fois que, compétents seulement à raison de la qualité de la personne, les tribunaux militaires ou maritimes auront exclusivement appliqué les articles du
Code pénal, la condamnation sera évidemment prononcée pour crime
ou délit de droit commun. *b*) Il en sera de même en cas de crime ou
délit prévu à la fois par le Code pénal et le Code de justice militaire
et puni de la même peine dans l'un et dans l'autre Code. *c*) Mais il y
a des faits mixtes, prévus par le Code de justice militaire et le Code
pénal, qui n'entraînent pas la même peine dans l'un et dans l'autre :

---

[1] Ainsi, ce fait qu'une poursuite correctionnelle est de nature à entraîner la relégation, peine perpétuelle, ne modifie pas les règles de la compétence. Ce sera toujours le tribunal correctionnel et non la cour d'assises qui se prononcera sur le
dernier délit qui entraîne la relégation. Il est inutile de faire remarquer avec quelle
légèreté, sous prétexte de sécurité sociale, on prive le condamné de ces garanties
naturelles qui paraissaient, jusqu'à ce jour, être définitivement entrées dans nos
mœurs comme dans nos lois.

les travaux forcés ou la réclusion par exemple dans le premier, l'emprisonnement dans le second. Peut-on compter, en pareil cas, les condamnations encourues devant les tribunaux militaires pour les peines qu'elles portent réellement ou pour celles qu'elles devraient porter au point de vue du droit commun? Avec le pouvoir facultatif donné aux tribunaux, la difficulté sera presque toujours évitée, car les tribunaux pourront ne pas compter la condamnation. Mais, s'ils la comptent, et ils en ont le droit, car il s'agit bien d'une condamnation prononcée pour un crime ou délit de droit commun, ils devront la compter telle qu'elle est, sans pouvoir la dénaturer.

39. Lorsque la relégation peut être la conséquence d'une poursuite, la procédure est-elle soumise à quelque règle particulière? Tout d'abord, la relégation étant une peine accessoire, conséquence légale et obligatoire pour le juge de la condamnation, il n'y a pas lieu de viser les textes qui y sont relatifs dans l'acte qui saisit le tribunal, réquisitoire, ordonnance, arrêt de la chambre d'accusation, assignation.

Mais, aux termes de l'article 10, le jugement ou l'arrêt, qui prononce la relégation, doit, au contraire, viser « expressément les condamnations par suite desquelles elle sera applicable. » Ce visa consiste à préciser *une à une*, par leur *date, l'indication de la juridiction*, la *nature du délit* et la *durée de la peine*, les condamnations antérieures par suite desquelles la relégation est prononcée. En d'autres termes, il faut : 1° reproduire, dans le jugement, les énonciations du casier judiciaire relatives aux condamnations sur lesquelles on s'appuiera ; 2° il faut, de plus, que ces condamnations aient été reconnues par le prévenu ou qu'elles aient été vérifiées et que l'arrêt contienne les énonciations nécessaires pour constater l'un ou l'autre de ces points. Cette omission est une violation non-seulement de l'article 10 de la loi du 27 mai 1885, qui prescrit « expressément » ce visa, c'est-à-dire qui le prescrit à peine de nullité [1], mais encore de l'article 7 de la loi du 20 avril 1810, et elle donne ouverture à cassation pour défaut de motif.

40. Ceci posé, il est à remarquer que la procédure devant la cour d'assises, présentant le *summum* des garanties judiciaires, ne subit aucune modification par suite de l'application possible à l'accusé

---

[1] *Sic*, Cass., 18 mars 1886 (*Pand. périod.*, 1886, 1, 112); Jambois, p. 87 ; Tournade, p. 70. En sens contraire, cependant : Depriges, p. 66.

de la relégation comme conséquence de la poursuite. C'est à la cour et non au jury qu'il appartient d'examiner s'il y a lieu de prononcer cette peine, et nous savons qu'elle doit le faire toutes les fois qu'elle retrouve, dans le passé de l'accusé, le nombre de condamnations exigées par la loi.

41. Une double dérogation est, au contraire, apportée par la loi du 27 mai 1885 aux règles générales de la procédure correctionnelle, lorsque la poursuite peut aboutir à l'application de la *relégation*, ou des deux mesures qui la remplacent à raison de l'âge du condamné, c'est-à-dire de l'*interdiction perpétuelle de séjour*, ou du *renvoi du mineur de vingt et un ans dans une maison de correction jusqu'à sa majorité* [1]. La loi, en effet, exclut la procédure du flagrant délit, et elle veut qu'un défenseur soit nommé d'office au prévenu, à peine de nullité (art. 11).

42. Dans son premier alinéa, l'article 11 dispose ainsi : « *Lorsqu'une poursuite devant un tribunal correctionnel sera de nature à entraîner l'application de la relégation, il ne pourra jamais être procédé dans les formes édictées par la loi du 20 mai 1863.* » En effet, une pénalité aussi grave que la relégation ne doit pas pouvoir être appliquée après une procédure aussi expéditive que celle des flagrants délits. Mais la loi n'exige pas qu'une instruction préparatoire ait précédé la poursuite : le tribunal pourra donc être valablement saisi par une *citation directe* émanant soit du *ministère public*, soit même de la *partie civile*. Ce qui est seulement exclu, c'est la procédure spéciale du flagrant délit. Mais dans *quelle mesure ?* et sous *quelle sanction ?* c'est sur ces points que portent les difficultés. Pour les examiner, il faut, je crois, se placer en face de deux situations.

Les prescriptions de l'article 11 ont été violées par le *ministère public*, la poursuite a eu lieu par les voies sommaires de la loi de 1863 : le tribunal s'aperçoit, sur le vu du casier judiciaire, ou d'après les renseignements fournis par les débats, que le prévenu est dans les conditions voulues pour qu'il lui soit fait application de la relégation : que le tribunal ne puisse juger en cet état de la procédure, c'est un point incontestable. Mais que doit-il faire ? D'après une première opinion, l'article 11 de la loi de 1885 a eu pour unique but d'assurer un avocat au prévenu et de lui garantir, en même temps, un délai suffisant pour préparer sa défense [2]. Par conséquent, le procureur de

---

[1] Cf. JAMBOIS, p. 81.

[2] *Sic*, DEPEIGES, *op. cit.*, p. 68 et 70.

la République peut, comme par le passé, interroger et mettre sous mandat de dépôt tout individu arrêté en flagrant délit pour un fait correctionnel, le traduire, sur-le-champ, à l'audience ou le faire citer pour le lendemain s'il n'y a pas audience le jour de l'arrestation; mais il faut, si le prévenu est passible de la relégation, provoquer la nomination d'un défenseur d'office, et lui donner un délai suffisant pour préparer sa défense, délai qui ne peut être moindre de trois jours. Cette manière d'interpréter le texte de l'article 11 est très-séduisante. Elle a l'avantage pratique de ne pas paralyser l'application de la loi de 1863. Mais, si elle est d'accord avec l'esprit, elle ne l'est certes pas avec le texte de l'article 11 qui proscrit, avec la plus grande généralité et la plus vive énergie, toutes les formes, sans exception, de la loi de 1863. Et la conclusion rigoureuse à tirer des termes de la loi, c'est que le tribunal doit annuler la procédure *ab initio*, c'est-à-dire non-seulement les actes de poursuite, mais les actes d'instruction faits par le ministère public, en vertu de la loi de 1863, et le mandat de dépôt qu'il a décerné, et renvoyer le procureur de la République à se pourvoir ainsi qu'il avisera [1]. Une opinion intermédiaire qui restreindrait les effets de l'annulation aux actes qui ont saisi le tribunal, mais laisserait subsister les mandats décernés [2], ne serait pas acceptable, puisque le procureur de la République puise dans la loi de 1863, et dans cette loi seule, le droit de décerner un mandat de dépôt contre le prévenu, et que toutes les formes de la loi de 1863 sont proscrites par l'article 11.

Mais il peut arriver que les prescriptions de l'article 11 soient violées par le *tribunal* lui-même. Saisi par une des deux voies rapides qu'autorise la loi sur les flagrants délits, traduction immédiate à l'audience ou citation au lendemain, le tribunal a condamné le prévenu sans connaître ses antécédents. Un appel est formé par le ministère public, et la cour trouve, dans le casier judiciaire, tardivement produit, la preuve que la poursuite était de nature à entraîner l'application de la relégation. Si l'on admet l'interprétation que je donne à l'article 11, il faut en conclure que le devoir de la cour est d'annuler la procédure *ab initio*, c'est-à-dire le mandat de dépôt et les actes de poursuite, comme le jugement lui-même. Dans les deux autres inter-

---

[1] *Sic,* Tournade, *op. cit.,* p. 70; Jambois, *op. cit.,* p. 19 et s.; Rennes, 6 janv. 1886 (S., 86, 2, 65), et la note de M. Raoul Jay, dans laquelle la question est complètement examinée.

[2] *Sic,* Bordeaux, 13 janv. 1886 (S., 86, 2, 65).

prétations, la cour se contenterait d'annuler soit le jugement seul, en laissant subsister, non-seulement le mandat de dépôt décerné par le ministère public, mais encore l'acte même qui a saisi le tribunal, soit tout à la fois le jugement et les actes de poursuite, mais en laissant subsister le mandat décerné.

Mais, quelles que soient les limites de l'annulation, la cour *peut*-elle et, par conséquent, *doit*-elle évoquer le litige et statuer définitivement au fond lorsqu'elle a annulé la procédure, à tort engagée devant les premiers juges sur les errements de la loi de 1863? On sait que l'évocation, en matière pénale, n'est pas seulement *facultative* comme en matière civile, elle est obligatoire pour la cour. Elle s'exerce, soit que les premiers juges aient statué sur le fond de l'affaire, mais par un jugement ou à la suite d'une procédure irrégulière, soit qu'ils n'aient statué que sur un incident, mais sans se prononcer sur le fond de l'affaire [1].

Le texte singulièrement énergique et large de l'article 215 semble donc faire à la cour un devoir d'évoquer et de prononcer la relégation lorsqu'elle annule la procédure suivie devant les premiers juges pour violation de l'art. 11 de la loi de 1885.

C'est ce qu'ont pensé quelques auteurs et c'est ce qu'ont décidé quelques arrêts [2]. Mais cette solution me laisse des doutes. D'une part, en effet, la cour ne peut exercer l'évocation que pour statuer aux lieu et place du tribunal et dans le cas où le tribunal était *compétent* pour le faire. Or, le vice qui existait en première instance et qui aurait dû empêcher les juges de statuer en l'état de la procédure subsiste, aggravé devant les juges d'appel. C'est par une procédure de flagrant délit que la cour se trouve saisie d'une poursuite de nature à entraîner la relégation : comment pourrait-elle donc juger et prononcer cette peine? D'autant plus, qu'en reconnaissant le droit d'évocation, la cour se bornerait, après une annulation platonique de la procédure, à réformer ou à maintenir le jugement, tout comme elle le ferait si le tribunal correctionnel avait été régulièrement saisi. La violation de l'article 11 serait ainsi dépouvue de toute sanction pratique. La cour doit donc, après avoir annulé le jugement, la poursuite, le mandat, renvoyer le ministère public à se pourvoir ainsi qu'il avisera.

43. Lorsqu'une poursuite de nature à entraîner la relégation est

---

[1] Cf. mon *Précis*, n° 618.

[2] Cf. Riom, 17 février 1886 (*Journal des Parquets*, 1886, 2, 63).

engagée devant le tribunal correctionnel, l'art. 11, § 2, porte : « *Un défenseur est nommé d'office au prévenu, à peine de nullité.* » Cette disposition ne doit recevoir d'application que dans le cas où le prévenu se présente sans défenseur librement choisi. Mais par qui sera faite la désignation ? Par le président du tribunal ou de la cour, antérieurement à tout débat. Si donc un acte quelconque de l'audience, interrogatoire, déposition, avait lieu sans que cette formalité fût accomplie, la procédure devrait être déclarée nulle.

IV.

44. La surveillance de la haute police, remplacée par l'interdiction de résidence. — 45. Situation des surveillés. — 46. Abrogation de la loi du 9 juillet 1852.

44. Depuis que l'institution du renvoi sous la surveillance de la haute police existe, trois modes de surveillance ont été, tour à tour, soit appliqués isolément, soit combinés. L'un de ces modes est si naturel et si nécessaire qu'il a été constamment en usage : il consiste à interdire aux libérés le séjour de certaines résidences dont la désignation est faite par la loi ou laissée au gouvernement. Les deux autres consistent, soit à confiner l'individu soumis à la surveillance dans un lieu déterminé dont il ne pourra s'éloigner sans autorisation, soit à le laisser libre de choisir sa résidence et d'en changer, à certaines conditions qui permettront à la police de ne pas le perdre de vue. Le régime de la surveillance de la haute police, édicté par la loi du 23 janvier 1874, se composait de deux éléments distincts :

1º Le condamné était, en principe, libre de choisir et de changer le lieu de sa résidence. Mais il devait, quinze jours avant sa libération, indiquer celui qu'il avait choisi ; et, de plus, il ne pouvait le quitter, à moins de motifs exceptionnels, qu'après l'avoir habité pendant six mois ;

2º Le gouvernement conservait le droit de déterminer certains lieux dans lesquels il était interdit au condamné de paraître après qu'il avait subi sa peine.

La loi de 1885 a supprimé la surveillance de la haute police. Mais, en réalité, des deux éléments qui la composaient, elle n'en a conservé qu'un, le dernier. Car la surveillance « *est remplacée par la défense faite au condamné de paraître dans les lieux dont l'interdiction lui sera signifiée par le gouvernement avant sa libération. Toutes les autres obligations et formalités imposées par l'article 44 du Code pénal sont supprimées à partir de la promulgation de la présente loi, sans qu'il soit, toutefois, dérogé aux dispositions de l'article 635 du Code d'instruction criminelle.* »

Désormais : 1° le condamné n'est plus obligé, avant sa libération, de choisir une résidence; 2° il n'est plus obligé de résider un certain temps dans le lieu qu'il a choisi; 3° il n'a plus aucune formalité à remplir pour changer de résidence : la loi lui rend, en principe, la faculté d'aller et de venir où il veut, sauf dans les lieux dont le séjour lui est interdit.

Les interdictions de séjour sont notifiées par arrêté du ministre de l'intérieur, antérieurement à la mise en liberté. Certaines localités, telles que : Nice et Cannes, Marseille, Bordeaux et sa banlieue, Saint-Étienne, Nantes, Lille, Pau, Lyon et l'agglomération lyonnaise, le Creusot, les départements de la Seine, de la Seine-et-Marne, de la Seine-et-Oise, sont interdites à *titre général* à tous les condamnés; d'autres peuvent l'être à *titre spécial*[1].

Mais ce changement de régime accompli, la loi n'a pas modifié « les dispositions antérieures qui réglaient l'application et la durée, ainsi que la remise ou la suppression de la surveillance de la haute police, et les peines encourues par les contrevenants conformément à l'article 45, C. pén. » Il en résulte qu'on doit appliquer à l'interdiction de séjour, remplaçant seule désormais la surveillance de la haute police, *toutes* les autres règles des articles 45 et suivants du Code pénal, qui restent en vigueur.

45. La situation des individus déjà renvoyés sous la surveillance de la haute police en vertu d'une décision passée en force de chose jugée a été réglée, en ces termes, par le paragraphe dernier de l'article 17 : « Dans les trois mois qui suivront la présente loi, le gouvernement signifiera aux condamnés actuellement soumis à la surveillance de la haute police, les lieux dans lesquels il leur sera interdit de paraître pendant le temps qui restait à courir de leur peine. » Ainsi : 1° Ces libérés ne sont pas soumis au régime ancien de la surveillance; 2° mais il appartient au gouvernement, auquel un délai de trois

---

[1] Circulaire du 1er juillet 1885, adressée par le ministre de l'intérieur aux préfets, pour l'exécution de l'art. 19.

mois est donné pour cela, de leur interdire le séjour de certains lieux [1].

46. La loi du 19 juillet 1852 permettait d'interdire, *par voie administrative*, le séjour du département de la Seine et de l'agglomération lyonnaise à deux catégories d'individus non domiciliés dans ce département ou ces communes : 1º à ceux qui avaient subi depuis moins de 10 ans une condamnation à l'emprisonnement pour rébellion, mendicité ou vagabondage ou une condamnation à un mois de la même peine pour coalition ; 2º à ceux qui n'avaient pas dans les lieux sus-indiqués des moyens d'existence.

L'interdiction de séjour ne pouvait excéder 2 ans ; mais elle pouvait être renouvelée.

L'arrêté d'interdiction était pris par le préfet de police ou par le préfet du Rhône et approuvé par le ministre chargé de la police générale.

Toute contravention à l'arrêté d'interdiction était punie d'un emprisonnement de 8 jours à un mois et le tribunal pouvait, en outre, placer le condamné sous la surveillance de la haute police pendant un an au moins et 5 ans au plus. — En cas de récidive, la peine était de 2 mois à 2 ans d'emprisonnement ; et la surveillance de la haute police pendant 1 an au moins et 5 ans au plus en était alors la conséquence forcée.

La loi de 1885, qui édicte obligatoirement la relégation perpétuelle pour ceux qui ont encouru, dans l'espace de 10 ans, certaines condamnations, abroge purement et simplement la loi de 1852 (art. 19).

---

[1] Cette disposition a été applicable dès la promulgation de la loi (art. 19, § 3).

TABLE DES MATIÈRES.

I.

		Pages.
1.	Objet de la loi de 1885	5
2.	Caractères de la relégation et de l'interdiction de séjour	6

II.

3.	Appréciation générale de la mesure prise contre les récidivistes	6
4.	Régime pénal de la relégation	7
5.	Peines que la relégation exclut ou qui excluent la relégation	7
6.	La récidive et la relégation	11
7.	Organisation pénitentiaire de la relégation	12
8.	Le relégué est astreint au travail	13
9.	Règlement du 26 novembre 1885	14
10.	Relégation individuelle; relégation collective	14
11.	Mesures d'exécution en France	15
12.	Mesures d'exécution aux colonies	15
13.	Autorisations de sortie	16
14.	Evasions	16
15.	Des conditions de la relégation	16
16.	Personnes qui peuvent y être soumises	16
17.	Des étrangers	16
18.	Des femmes	17
19.	De l'âge au point de vue de la relégation	17
20.	Des faits auxquels s'applique la relégation	18
21.	Délai dans lequel doivent intervenir les diverses condamnations exigées par la loi	19
22.	Des quatre cas de relégation	22
23.	La dernière condamnation compte	22
24.	Les quatre cas de condamnation correspondent à trois catégories de délinquants	23
25.	Premier cas de relégation	23
26.	Second cas	23
27.	Troisième cas	23
28.	Difficultés	24
29.	Condamnations à l'emprisonnement pour faits qualifiés crimes	24

Pages.

30. Délits spécifiés.. 24

31. Quatrième cas de relégation 27

32. Les condamnations aux travaux forcés et à la réclusion doivent compter... 27

33. Dans quelle mesure les condamnations pour vagabondage peuvent-elles être
      remplacées.. 27

34. Tableau résumé des quatre cas de relégation 29

35. Peine unique prononcée pour plusieurs délits...................... 30

36. Effets de la grâce, de la réhabilitation, de l'amnistie, de la prescription ... 32

37. Rétroactivité de la loi de 1885................................... 33

III.

38. Tribunaux compétents pour prononcer la relégation................ 35

39. Visa des condamnations par la juridiction qui prononce la relégation....... 37

40. Procédure devant la cour d'assises............................... 37

41. Procédure devant les tribunaux correctionnels.................... 38

42. Exclusion de la procédure du flagrant délit....................... 38

43. Défenseur d'office... 40

IV.

44. La surveillance de la haute police, remplacée par l'interdiction de résidence. 41

45. Situation des surveillés... 42

46. Abrogation de la loi du 9 juillet 1852 43

BAR-LE-DUC, IMPRIMERIE CONTANT-LAGUERRE.